41/4

Aïcha Amara
Mogador fille d'aylal

Editions
mansam
Rabat

Mogador fille d'aylal
Aïcha Amara

Editions Marsam

Illustrations
Œuvres des peintres :
Aziz Bidar
Henri Cohen
Hamza Fakir
Brahim Hanine
Abdellah Oulamine
Alain Ragaru
Mohamed Sanoussi
Tayeb Seddiki

Photocomposition - Photogravure
Quadrichromie - Rabat

Imprimerie
Walili Marrakech

Dépôt légal. 1095 / 96
ISBN. 9981-9723-2-0

Aïcha Amara

Mogador fille d'aylal

Editions
marsam
Rabat

*Aux amoureux de Mogador
une branche de mimosa
fleurie de souvenirs
au gré des alizés*

Si un jour

Si un jour ton ciel devient lourd
et qu'un nuage l'obscurcit
ouvre les yeux de la mémoire
et dans les dédales de l'imaginaire
à la réalité refais
une beauté

si par malheur ton coeur chavire
qu'une larme brûle ta paupière
ouvre ce cahier d'images
fruit des soubresauts
de mes souvenirs

en hommage il t'offrira
une valse
ouverture à l'évasion
un parc enchanté
où fleurs parées de rosée
et papillons veloutés
dansent
s'enlacent
s'étirent sur des effluves bleutés

il te donnera
des mers aux toisons d'argent
un collier de coquillages
précieux talisman
venu d'autres horizons
sur l'aile d'un faucon

alors ton sourire renaîtra
et tu diras
mais c'est le pays de cocagne
c'est Mogador

cousus au fil d'or
ces récits brisés
seront un habit d'arlequin
pour couvrir ce site coquin

si cela te rend nostalgique
en pèlerins
des grands matins
nous nous rencontrerons
sur le chemin

Fakir Hamza
Cité
Huile sur toile 46 X 52

Prise au piège

Une enfant prise au piège
à son insu
des mains subtiles ont incrusté
sur sa poitrine juvénile
des images indélébiles
des signes des énigmes
des stigmates

une enfant prise au piège
au creux de son cœur innocent
des doigts agiles ont sculpté
des visages d'amis
de parents
qu'elle berce
chantant quassida et jazal

une enfant prise au piège
des visions gravées à jamais
au fond de sa mémoire d'adolescente
voltigent dans sa tête
comme des hirondelles
ivres d'espace

cette enfant
c'était moi
il y a cinquante ans

il y a cinquante ans
mes tresses aux quatre vents
mes yeux curieux
l'esprit fureteur
et l'imaginaire fertile d'enfant rêveur
ont absorbé jusqu'à l'ivresse
conservé jusqu'à vieillesse
toute la magie de Mogador
ce miroir de mon passé
repère de ma vie

aujourd'hui prise au piège
de la sensualité des couleurs
fauves et chaudes
éclatées des mains des peintres
pour restituer
la luminosité de la cité
je subis
amante inassouvie
tout le charme et la volupté
de ce grain de beauté

aujourd'hui
prise au piège
d'une nostalgie douce
amère et pénétrante
je céderais
toutes les fontaines de Samarcande
les roses d'Ispahan
et toutes les splendeurs de l'Orient
pour rester enfermée
dans ce piège du passé

Cahier d'images

J'ai perdu mon cahier d'images
et c'est à partir de là
que mon passé commence
ce carrefour de sentiments
de joies puériles
d'illusions
de promesses et de romances

aujourd'hui
je cherche désespérément
ce temps perdu
je cours vers ma source de jouvence
retrouver mon carnet d'enfance

bénis soient les instants
de ces lieux charmants
où j'ai vu le jour
béni soit ce jour
où je suis revenue
en repentie
chercher apaisement
aux morsures de la solitude

béni soit ce doux zéphyr
qui m'a prise par la main
et fait sillonner
les hauts lieux de ma jeunesse

les yeux pleins de brume
le vague à l'âme
je m'infiltre
fièvreusement
dans le coeur de cette cité
blanche et gracile
ô cygne immaculé

je la croyais jolie
je l'ai trouvée belle
fragile
comme ses coquelicots

si grand sur nous est son pouvoir
liés que nous sommes à ses fibres
elle carillonne
notre enfance
tels les cliquetis
d'un feu d'artifice

parmi les doux souvenirs
ces caresses
de volages papillons
qui arrivent d'un coin de délices
avec un goût furtif de cannelle

à cet appel gourmand
personne ne résiste
nul part ailleurs
aucune sucrerie
n'aura eu la saveur
ni l'odeur
des friandises de ce temple
où officie
en douceur
le grand maître Driss

d'un geste seigneurial
il répond à toutes les prières
satisfait nos désirs d'enfants
mille et une feuilles
ne suffiraient à dépeindre
ce doux symbole
de notre gourmandise

pour être à l'heure
voici la nonchalante horloge
dans sa fière tour ocre
vivant hors du monde

elle sonne à sa guise
des heures qui s'éternisent
et suspend le vol du temps
pour complaire au poète

si par miracle
ses vibrations s'animaient
aux enfants elle conterait
à l'infini
les mystères de la cité
et son glorieux passé

alors son jeune auditoire
aurait reçu
une parcelle de vérité
cet héritage précieux
serait le soleil radieux
pour les jours frileux
la flamme guide
pour leur long chemin

non loin
le temps d'un soupir
se répandent de petits jardins
espaces de mon enfance
que les matinées brumeuses
métamorphosent en coin de paradis

le soir
la lune fait tomber
langoureusement
ses reflets en cascades
sur les nuages
pour s'étendre sur la pelouse
et offrir sa luminosité
en gage d'amour

promeneurs nocturnes
soyez discrets
faites vos pas légers
ne rompez point l'union sacrée
restez les témoins silencieux
et cultivez au creux de votre cœur
ce petit jardin
demeure de vos rêves
les plus fous

Mohamed Sanoussi
Tourbillon et soleil
Huile sur toile 50 x 60

Regarde

*Regarde
ce grain de beauté
admire
cette splendeur
qui refuse
de mourir de langueur
goûte à sa sérénité
écoute
les alizés
chanter la volupté
de ce grain de beauté*

L'ile des magiciens

Une citadelle magique
a surgi des flots de l'océan
par la volonté d'un monarque
fier et romanesque

savants et voyageurs
en racontent l'histoire
et les épopées
à leurs disciples studieux

pour fuir leur rigueur
je glisse
à travers une boule de cristal
et donne libre cours
à mon esprit rêveur

à la beauté réelle de ma cité
j'ajoute mon imaginaton
ma passion
et laisse jaillir
les images de mon enfance
comme un feu follet

ô blancs goélands
témoins vigilants de ces visions
je vous fais gardiens
jaloux de mes biens

ma cité est une presqu'île
languissante
au bord de l'eau
toute de noblesse
de délicatesse
le soleil l'effleure
la lune la caresse

les écumes des vagues
aux reflets d'argent
dansent
s'agenouillent
et meurent
sur son rivage

Les rochers arrachent
au bleu de la nuit
les étoiles une à une
les font scintiller
comme une pluie fine
sur la mer sans plis

Les dunes
perles gorgées de soleil
tombées du cou d'une blanche reine
s'éparpillent sur ses longues traînes
se mélangent aux genêts
deviennent mirage

aux portes du sanctuaire
depuis des siècles
Sidi Magdoul
le saint patron de la ville
veille sur la cité
depuis une éternité
lui sculpte à chaque printemps
un chapelet de mimosa
qu'il dépose à ses pieds
en hommage à sa beauté

le vent
turbulent et rebelle
capricieux
dans ses moments de colère
nous force à plier
et à faire révèrence
à dame nature

l'art et la musique
côtoient la science
le métronome
leur bat la mesure

l'angélus répond au muezzin
de la chapelle
à la synagogue
un chant fervent
monte au firmament

comme des séraphins
un ballet de mouettes
à tire - d'ailes
s'associe aux coeurs fidèles
porte très loin à l'horizon
l'écho de cette prière

africaine à la racine
elle mène au-delà des mers
le flambeau de notre identité

ses lettres de noblesse
n'ont pas attendu les âges
pour lui servir d'emblème

au berceau elle a reçu
en royal héritage
son sceau particulier

par Barakat Mohamed
des trois noms
donnés
sur les fonts-baptismaux
lequel aimes-tu
Tassort
Mogador
Essaouira

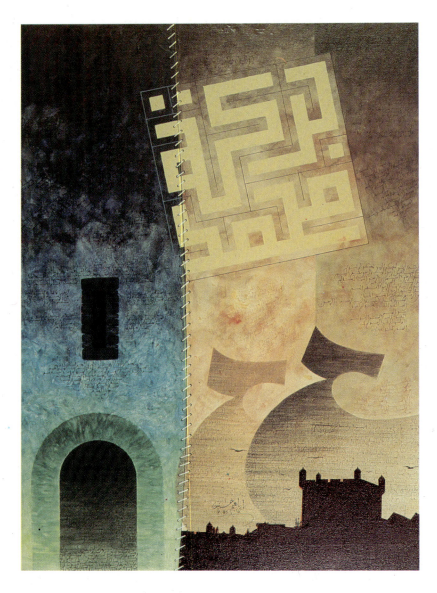

Brahim Hanine
Blessure
Huile sur toile 80 x 100

Conte à Dalila

Mes récits paraissent n'avoir
ni tête ni queue pour pouvoir
sans contrainte
faire halte à tout moment
et te permettre de prolonger
l'imagination à ta guise

en fragments
tu en feras de beaux rêves
rassemblés
un joli collier
de précieux souvenirs
autour de ton cœur

ainsi parée
tu seras belle et élégante
pareille à ma cité

tu seras comme cette île flottante
venue d'ailleurs
chevauchant les vagues transparentes
sous la coupole bleue du ciel

elle t'invitera
toi privilégiée entre toutes
pour te confier quelques secrets

refuge de faucons et de goélands
dans son sein
vit et frémit
toute une descendance goulue
bruyante et indifférente
aux grondements de la mer

leur ramage de toutes nuances
te portera sur l'aile du vertige
au seuil du mystère

lorsqu'un gros nuage
jette son manteau géant
pour assombrir l'ambiance
n'aie crainte
mon île prestigieuse
du duel sortira victorieuse
et tu auras goûté
à ce rare bonheur
qui dilate le cœur

alors si tu peux
sur les ailes
des blancs goélands
voler jusqu'au rivage
sur les traces de tes parents
tu iras le long des plages
écouter les confidences
des coquillages

ils te conteront un passé
où toutes les nuances
étaient musique
ils te parleront de forteresses
de châteaux de sable roux
irisés de leur nacre

et si tu trouves
des fragments de rêves
vogant sur la rive
sois douce et délicate
c'étaient des nids douillets
de tout une jeunesse
ivre d'iode
qui sillonnait la plage

prends ces coquillages
porte-les à ton oreille
ils te révèleront peut-être
les noms des gens
sans mémoire
qui les ont déraciné
pour les faire basculer
dans l'oubli

ne les pleure pas surtout
ils ne sont pas morts
ils sont partis fleurir ailleurs
et dans nos cœurs
ils vivent encore
comme un premier amour

hier
complices et témoins
de notre jeunesse insouciante
aujourd'hui
cheveux gris
cheveux blancs
et nos cœurs d'enfants épris
les célèbrent
dans le recueillement

au nom de la mer
du ciel
des saints d'esprit
nous vous saluons
petites cabines de plage
pleines de grâce
nids douillets
de notre tendre jeunesse

si épuisée enfin
tu arrives auprès des dunes
assieds - toi
prends une feuille
et dessine - moi une romance
tout autour
de ces cabines d'enfance

Le port

ô port ...
note de musique
lieu d'évasion
que chacun porte en soi
à ton contact
la nostalgie s'exalte
la cicatrice s'ouvre
nous submerge de souvenirs
enfouis dans tes profondeurs

l'ampleur du ciel
l'architecture des nuages
l'odeur des algues
nous plongent
dans une douleur
douce et étrange

les ravaudeurs
au milieu des filets géants
donnent l'impression
de se débattre
dans un piège inextricable

à l'horizon paraît un bâteau
portant une cargaison volante
de mouettes et de goélands
masse couleur d'albâtre
aux ondoiements rythmés
qui accentue une impression
de vision incertaine

d'autres petits bâteaux
paraîssent surgir de l'océan
l'un après l'autre
se présentent au port
en offrande
que la houle imprime
d'harmonieuses oscillations

sur le quai
les hommes au fier profil
visages burinés de marins antiques
travaillent
vigoureusement à la chaîne
valse des paniers
tourbillons d'écailles nacrées
images chaudes et colorées
dont les souvenirs se nourrissent

le soir le port frissonnant
se couvre d'un reste de soleil couchant
et s'endort paisible

les bâteaux somnolent
légèrement secoués
s'étirent
s'immobilisent
tout s'arrête
tout est plénitude
sous le poids des rêves

les mouettes
tournoient une dernière fois
sous un ciel livide
et saluent ce petit joyau de légendes

en vigilantes sentinelles
elles se posent sur les tourelles
blèmes
écoutent la mer
couleur d'airain
chanter
jusqu'au clair sourire du matin
les élégies de ces lieux de magie

Brahim Hanine
Skala
Huile sur toile 80 x 100

Les alizés souverains

Vent
chasseur de nuages
dans ta grande colère
tu balaies ciel et terre
d'un même destin

libre
fier et souverain
tu danses sur le dos des vagues
fauves et rageuses
des danses victorieuses
des danses de gloire

siffle
crie hurle orage
pour assouvir cette colère
galope dans ma tête en délire
coursier sans harnais
vogue sur mon corps en dérive
vaisseau des hautes mers
transperce les cieux
et pourfends les airs

règne
sur ma cité
à ta seule volonté soumise
coule dans ses artères à ta guise
gronde
soulève tempête
si tel est ton désir
nous dociles
te ferons toujours allégeance

toi dans les moments de bonté
aie un souffle nouveau
de grâce
chasse souffrance et indifférence
jette misère pardessus les mers
sème la sérénité
sculpte la vérité
et fais ressusciter à la mémoire
sa noble histoire

force-moi à l'humilité
par tes coups d'alizés
apprends-moi à rester droite
malgré la tourmente

Blanche colombe

Mogador
cité aux multiples sortilèges
tu n'es ni l'amante infidèle
ni la mère cruelle
mais par Sidi Magdoul
la blanche colombe
roucoulant en paix
dans un rivage nacré
ce coin de félicité
mémoire
de mille histoires

Bijou antique

Par bonheur
ma petite cité retranchée
derrière ses murailles
vit calme et sereine

en effluves nacrés
elle ambaume
s'étire mutine
gracile comme un cygne
qui s'offre à une aurore divine

elle nous enveloppe de satin blanc
écoute la mer chanter
ce silence émouvant
des matinées diaphanes

sourire de femme
regard de mère
elle est le rêve et l'innocence
le lys et la pervenche
la porcelaine fragile
qui tente le destin

elle est le bijou antique
le philtre d'amour magique
l'anneau scintillant
promesse de l'union
emblème de nos poèmes

reste drapée dans tes légendes
derrière tes tourelles élégantes
cité des arts

que tes alizés nous inspirent
nostalgies créatives
chaque fois que l'oubli
se fait sentir

qu'ils fassent de ton bleu
toute une gamme de musique
et qu'ils continuent
à faire danser les vagues
sur tes gisants rochers
ces troublants dormeurs
de ton océan phosphorescent

Pain au sésame

Longtemps j'ai fredonné
l'air d'une qassida lancinante
qui a fait partie de ma vie
comme un fidèle décor du quoditien
suave elle a la couleur du pain
le goût du sésame
nous cohabitions
dans un mutuel respect
sans jamais déborder
l'une sur l'autre

voilà qu'impérieusement
du long couloir de mes souvenirs
émerge au son mélodieux d'un luth
une éphémère silhouette
qui trouble ma mémoire

perdue dans mes rêveries
je l'imagine fumant son narguilé
devant un auditoire suspendu à ses lèvres
narrant avec emphase
les épopées d'antan

victime de son sortilège
j'écoute avec ravissement
une symphonie
de ses récits captivants

j'erre au gré des réminescences
pour retrouver l'image du rawi
et ne reçois que l'arôme
d'un pain chaud
en période de froid

je m'enfonce dans les rues silencieuses
ouatées comme mes impressions
à la cherche de quelques lueurs
pour m'orienter

deux yeux malicieux m'invitent
à poursuivre mon itinéraire initiatique
et s'estompent

au fil de mes pas
une forme se précise
un petit homme brun
un épi d'or à la main
surgit tel un diablotin

je m'accroche de toutes mes forces
à cet envoûtant personnage
forge la trame avec frénésie
tisse avec ardeur
l'esquisse de ses traits furtifs
et de mémoire noue les points
pour mieux les fixer

enivrée par un impétueux torrent
d'images
un éclair me projette
devant une échoppe achalandée
de pains dorés
à l'odeur évocatrice

au fond pareil à une momie égyptienne
avec quelque chose d'ardent
de brûlé
de consumé
le teint cuivré
les yeux rieurs
une nuance d'ironie sagace
au coin de la bouche
siège comme un défi
mon énigmatique
petit homme brun

à peine réel
il consent à me renvoyer un reflet
de plus en plus révélateur
le miracle s'accomplit
et le doute s'évapore
tel le drap d'un espiègle fantôme

je sors de ma torpeur
je l'appelle et répète
son nom bien souiri
Abibou
une sérénade
Abibou
une énigme

souvenez-vous mes amis
d'aucuns ont fredonné
qassida et zajal
repris ses anecdotes
avec tendresse et affection

y-a-t-il encore
des dépositaires des secrets
de cet homme de légende

afin que son nom
reste gravé dans nos esprits
vivant dans nos coeurs
présent dans notre quotidien
célébrons - le ensemble
fils de Mogador

les poètes s'évanouissent
mais jamais ne disparaissent
leur âme et leurs poèmes
sont une aubade
à l'écho profond
dans les cœurs
des vivants

ainsi se termine
la qassida du rawi
"il a légué pour tout bien
son image
ses traits
et son ombre"

Brahim Hanine
Refrain
Acrylique sur toile 50 x 60

Hommage à Moulay

Il y a des souvenirs
chaleureusement enfouis
dans notre mémoire
inexpugnables

Moulay
du haut du minaret
tu ne nous lanceras plus
tes captivantes mélodies
de Malhoun et de Borda
qui berçaient nos cœurs

ta voix
lisse et pure
s'est envolée
comme une âme tranquille
ta flûte
ne ravit plus que les anges
des cieux inconnus

tes chants
doux et profonds
tatoués dans ma peau
résonnent dans mon esprit

les soirées du ramadan
n'auront plus ce charme
infini et délicat
les longues veillées
cette douceur fragile
et pénétrante

de ta flûte
tu as fait distiller des airs
aux formes architecturées
comme une toile
d'un artiste exigeant

je pleure aujourd'hui
ce manque à assouvir
ces aubes frémissantes
ces aurores écarlates
ces nuits au mystère enveloppant
que tu m'as fait goûter
au son de ta flûte enchantée

gémis
flûte orpheline
chante
tes regrets endeuillés
mais pour moi
garde
ces airs émouvants
sanctifie
Moulay
par de fervents appels
à la prière

vous ses amis
qui l'écoutiez hier
dans le ravissement
chantez aujourd'hui
la Borda
dans le recueillement

Anzar

Lorsque l'azur se drape
de mousseline noire
et crie orage
que les éclairs nous égarent
lorsque le grondement de la houle
évoque la détresse
d'intrépides marins
que l'écho strident du tonnerre
rappelle les fabuleuses histoires
de nos livres d'enfants
ma cité
au cœur d'amazone
reste un havre de paix

pour nous protéger
des cieux courroucés
elle se recueille avec nous
alors nos prières au seigneur adressées
sont vite exhaussées
une petite ondée
et le ciel nous absout
de tous les péchés

sous un arc-en-ciel
aux couleurs éclatées
tout se réveille
rassuré
aux clapotis cristallins
de cette pluie bienfaitrice

peintre
sous un rai de soleil
laisse tes pinceaux s'exalter
et au vu d'un mirage
réalise un miracle

Magador
toi tislit ounzar
tu resteras toujours
belle et satinée
comme une fibule
de mariée

Petit coin de mamia
(en souvenir de ma mère)

Petite plaine de ma mère
tu as la couleur de ses yeux
la vitalité de sa jeunesse
tu es ses racines
tu es son origine

sous un vieil arganier je l'imagine
petite fille à la taille fine
faisant un feu de broussaille
pour un éternel thé à la menthe

de sa voix cristalline
je l'entends me dire
regarde la nature est là
réjouis-toi
ne pleure pas

devant moi
son royaume se déploie
aux formes calmes et nettes
l'air transparent prolonge les regards
laisse rêveur

des monticules couronnés
de thym de romarin
exhalent leurs odeurs sauvages
embaument son village
plein de chaudes lumières

à l'ombre des oliviers lumineux
les bergers allongés sur le dos
semblent boire
les rayons du soleil
qui s'infiltrent des branches
les inondent
les enveloppent
d'un habit insolite

les arganiers
chargés d'agiles caprins
donnent une vision onérique
rendent ce site fantastique
les cigales
offrent leur chorale
à toute cette plaine
qui rappelle mamia
et me parle
dans sa douce langue natale

au loin
j'entends des mélopées
ma mère a dû les chanter
à travers ces mêmes étendues

j'écoute ces chants
de mes racines endormies
dans les flancs de cette plaine
je les murmure
en souvenir de mon enfance
en hommage à ce petit coin
de mamia

au son d'une flûte de berger
se prolonge ma journée
au plus profond
de moi-même

joue berger
joue
il y aura toujours
une petite fille pour écouter
et une femme pour pleurer
aux sons plaintifs
de ta flûte

Brahim Hanine
Conversation
Huile sur toile 80 x 100

La vieille de Sidi Magdoul

Une vieille femme édentée
d'une infinie mélancolie
assise aux portes de la cité
porte un immense collier
de souvenirs jaunis
et contemple sa longue vie
dans toute son ampleur

passe une nuée de beaux enfants
doux et insouciants
comme étaient les siens
il y a bien longtemps

d'un pas incertain
elle surmonte sa détresse
s'approche d'eux
essaie d'exister à leurs yeux

effrayées par cette vieille rabougrie
ces jolies têtes bouclées
s'éparpillent
dans les labyrintes de la cité

espoir dérisoire
englouti sous les pas
de ces beaux enfants
doux et insouciants

l'aïeule
pleine de dépit
fait naufrage
dans la solitude
devenue désormais
son seul logis

d'errance en errance
elle pense depuis
mes aînés viendront
de moi
ils se souviendront
l'oubli s'effacera
le sourire renaîtra
comme un soleil d'avril
qui rechauffera
mon corps usé
mal connu
de mes beaux enfants
doux et insouciants

Bidar
La vieille femme et les enfants
(Détail)
Acrylique sur carton 74 x 36

relieurs
des fragments de ma vie
étiolés sur les chemins de la souffrance
ils seront la mémoire
de mon histoire

elle s'installe
à l'entrée du sanctuaire
maquille son cœur de patience
ses yeux d'espérance
et chante des psaumes
à la gloire de Sidi Magdoul

Vous étrangers curieux
pas de sarcasme
ne riez pas
et vous pèlerins
ne pleurez pas
priez en silence
pour cette vieille édentée
l'oubliée
de ses beaux enfants
doux et insouciants

Nous autres...

Douce note de musique
goutte de rosée
aube frémissante
Mogador
mon amie
pourquoi parle-t-on de toi
de tes facettes bien cachées
avec autant de nostalgie

serais-tu la mère
et l'amie
ou l'enfant
et la nymphe
qui se mirent sur la rive
ou la muse qui inspire
envoûte et enchaîne à vie

comme Laïla
tu as inspiré tes majnounes
devenus de grands poètes
de grands mystiques
habités par le feu sacré

faut-il croire que ton fondateur
a frappé de son sceau
le parchemin originel
pour nous créer
tel que nous sommes
artistes sensibles
nostalgiques
devant le beau

même les mimosas
et l'iode
ont tissé et parfumé
cet habit que nous portons
la vie durant

nous avons
la richesse des sages
l'humilité des grands
et si nous ne savons pas
réunir dans la même main
gloire et fortune
nous possédons
la magie au bout des doigts
l'amour dans le cœur
une flamme dans les yeux

C'était hier

L'artiste qui peignait hier
les charmes de ma cité
cherche un auvent aujourd'hui
pour s'abriter
et planter son chevalet

l'inspiration est toujours là
pour peindre
les bazars éclatants
les maisons blanches
baignées dans des ombres bleuâtres
et les patios pleins de lumière

aujourd'hui existent encore
les élégantes drapées de blanc
qui glissent le long des murs
s'arrêtant parfois
devant une échoppe
pour palper une draperie
caresser une soierie

seul manque l'auvent . . . .

Henri Cohen
Femmes drapées
Huile sur toile 47 x 67

Peintre mon ami

Mon ami l'artiste
sors de ta tour diaphane
garde ton regard rêveur
et suis Merlin l'enchanteur

du haut de la Skala
il te fera voir
une mer d'émeraude
enlacer ta ville blanche
sans voile sans entrave
toute de calme et de volupté
habillée de sa seule beauté

aux sons de sa flûte enchantée
surgiront des lacs azurés
où toi et moi évolueront
pour sceller cette rencontre

il jouera une valse
pour les mouettes
couronnées d'étoiles
dans ton ciel devenu magique
le temps d'une note de musique

les créneaux de la Skala
s'animeront
leurs ombres
déclinées par le soleil
couvriront ce ballet
comme la cape d'un chevalier
protégeant sa bien-aimée

si au fond de sa musique
tu découvres une image
de toi inconnue
entre l'irréel et le beau
n'hésite pas
aie l'audace des artistes
et en hommage à ta ville
prends ton pinceau
manie le bleu et le blanc
couleurs de Mogador

cette image
c'est toi c'est moi
c'est l'autre c'est l'idéal
c'est l'espoir
en tout un chacun

toi le peintre
faiseur de miracles
dans ce monde de fureur
fais que cette vision
soit toujours du voyage

garde mes couleurs
comme le secret de ta magie
mélange-les
fais-en des nuances
aux goûts de chacun
je serai toujours de retour
pour les libérer
et rêver à ma guise

chaque touche de bleu
est un peu ma cité
chaque touche de blanc
est un peu moi
manie mes couleurs
en douceur
tu auras un florilège
de poèmes

puisque le rêve est permis
fais en sorte qu'il soit
bleu d'azur
et blanc limpide
fidèle à ton empire

emblème de notre cité
le bleu et le blanc
resteront les couleurs
de mes songes
jusqu'au clair sourire
de l'aurore

Ombres et lumieres

Dans une orgie silencieuse
de couleurs
j'ai goûté à la saveur de l'ivresse
et communiqué au-delà du visible
avec l'invisible

mes amis les peintres
m'ont fait pénétrer
au paradis
de la sensibilité
en toute générosité
ils m'ont offert
tant de beauté

l'idée qu'ils soient riches ou pauvres
n'assombrit point leur front
seuls
une lumière une couleur
une ombre un galbe
les rendent frémissants
et c'est déjà les prémices
de belles œuvres

le mystère du noir
la fougue du rouge écarlate
la tendresse du bleu
la luminance du jaune
la pureté du blanc
leur font vivre la transe
l'espoir
le désespoir
la réalité

si vous êtes tristes
venez leur dire bonjour
leurs sourires
leurs regards chauds
vous réconcilieront avec la vie

si vous vous sentez seuls
venez les voir
ils vous emmèneront
dans leur monde
pour vous dévoiler
le mystère de leur vie
le secret de leur âme

Brahim Hanine
Sidi Kaouki bleu et blanc
Huile sur toile 80 x 100

leur regard sans fard les trahira
vous pénétrerez alors
leur profond désir
de vouloir éterniser leur cité
par la peinture et la poésie
la générosité de leur cœur
leur donne ce droit

les silences profonds
sont des hommages éloquents
ainsi devant vous
pèlerins des grands espaces
je me recueille

devant vous
poètes et visionnaires
je m'incline

devant vous
oiseaux de la paix
je me tais

peintres mes amis
je vous dis simplement
merci

Brahim Hanine
Crépuscule
Huile sur toile 80 x 100

Ce vent qui inspire ...

Si Mogador m'était contée
en bel écrin de souvenirs
elle l'aurait été
Mogador la très ventée
est depuis toujours
promise à ce vent
qui l'enlace qui l'étreint
qui la couvre d'un voile
de sable d'or

avec ardeur
ce vent sacré farceur
rend la mer mousseuse
le ciel tourmenté
sous le vol nonchalant
de blancs goélands

il souffle fait rage
cause outrage
tout marche à sa cadence
les arbres se courbent
et sollicitent clémence

Mogador
sa fidèle promise
invente mille danses
pour apprivoiser
ce fier conquérant

offre sa tresse de soie
pour apaiser la fureur
de cet infatigable voyageur

sacrifie son diadème d'argent
et sacre roi
cet auguste vent

La farandole bleue

Mogador
sirène bleue
dieu du ciel que tu es belle
bleu d'azur
étaient tes auvents
bleu passion
étaient tes maisons
bleu de ma jeunesse
était ton ciel

bleue de peur je suis
aujourd'hui devant le néant
de tous ces bleus fanés
malmenés et délaissés

plaise à dieu de voir un jour
tous tes bleus resurgir
et danser
une farandole
dans toutes tes ruelles
désertées de ce bleu
de mon enfance

Bouteille à la mer

Le temps a mal tourné pour toi
Mogador
a dit un de tes illustres enfants
c'est vrai
de la petite ville élégante
au charme discret
où il faisait bon vivre
ne restent plus
que les souvenirs nostalgiques

les édiles jadis
s'ingéniaient à faire de leur cité
un havre de paix verdoyant
entretenu avec soin et minutie

les jardiniers
soignaient avec tendresse
géraniums et bougainvillées
les araucarias
dans leur bel alignement
rendaient les honneurs aux visiteurs
de ce petit éden

Bidar
Envol
(Détail)
Acrylique sur carton 74 x 36

cultivée raffinée
la cité altière
vivait son urbanité
dans une douce quiétude
mais ses lourdes portes
d'histoire chargées
ont cédé
le cours de sa vie s'est transformé

seules ses profondes traditions
l'obligent à garder
le front haut
le cœur noble
devant l'adversité

aujourd'hui
je l'ai vu se ruraliser
tristement s'èroder
j'ai vu ses enfants
en quête de vérité
refusant l'ambiguïté

j'ai vu ses jeunes
se saborder dans l'extase de l'ivresse
pour oublier leur détresse

j'ai vu ses veuves ses orphelins
solliciter compassion charité
et vivre l'espoir
d'un jour meilleur

j'ai vu le vieillard
aux tempes blanchies
au cœur lourd
égrener un chapelet de regrets
dans un mutisme solennel

j'ai vu un malheureux
jetant son austère habit
se bercer d'illusions
l'espace d'un matin

j'ai vu toute une jeunesse meurtrie
s'accrocher à un rêve bleu

j'ai vu mille plaies
me désignant du doigt accusateur
et au creux de ton déclin
Mogador
je me fais ton défenseur

je dévoilerai
aux magistrats de la conscience
mes remords et tes blessures
longtemps cachés
comme un pêché

j'irai
au tribunal des sages
et sans ambage
je demanderai
réparation pour cet outrage

je ferai
appel à la cour de la générosité
sans craindre le vertige du néant
je continuerai à croire
en la bonne volonté des hommes
pour célébrer un jour
ta renaissance

ton ciel s'éclaircira
tu souriras
et la main dans la main
nous irons annoncer
le beau présage

d'un clin d'oeil naïf
tu me diras
comme le phénix
de mes cendres je renais
Moi
Mogador je suis
Mogador je reste
le coin rêvé
des peintres
des poètes
des solitaires

Adieu Saddik

Au revoir ami
la vie est courte
long est le chemin de l'art

je revois encore ce petit temple
que tu viens d'ériger
fruit de ta fantaisie
chaude et capricieuse

véritablement spirituel
ce lieu crépusculaire
est l'héritage
que tu nous lègues
une strate ajoutée à notre mémoire

sans bruit
tu as produit tu as construit
sans bruit tu es parti
voile d'un riche galion
frissonnante à l'horizon
tu nous as échappé
silencieux discret

sage
tu savais que le temps fuyait
inexorablement
ton horloge te le rappelait
régulièrement

c'est ainsi qu'à ta guise
tu t'enivrais
de tout de rien
de rimes de poésie

tu étais ce vent qui inspire
la mouette rieuse
cette vague qui chavire

artiste évanescent
consumé par le feu de la création
des formes et des couleurs
tu as fait chanter le bois
de sa veine tu as fait jaillir
des masques de théâtre
des figures de tragédies
des statues effigies
des amours sacrées

pour toi
pas de vanité
la vie était jeu
le reste éphémère
sans relief
pour nous
tu es Saddik
le mystique
étincelle de l'art Souiri
nos créations
porteront toujours
ton empreinte

tu resteras vivant
je t'en fais serment
tant que nous protégerons
notre patrimoine de l'oubli

pour cela
je ne dirais point
sonnez le glas
l'artiste est mort

Tayeb Saddiki
Composition
Encre sur carton 50 x 65

Lettre à Esther

Sous un autre ciel
loin de ta ville natale
te souviens-tu encore
de ton pays de toujours
ferme les yeux rejoins ma rive
viens à Mogador
ta Perse antique

le vent porteur d'espoir
ouvrira les pages de l'histoire
de notre vécu serein

nos rubans d'enfants
seront un tapis persan
et sur les pas de nos parents
nous retrouverons
notre passé commun

nos violons muets depuis des nuits
feront vibrer aujourd'hui
les notes oubliées
qui dansaient sur leurs archets

alors jetons l'ancre
sur ce quai de rencontres
laissons nos sens s'enivrer
au gré de nos sentiments
prolongeons ce bref instant
par des incantations

souviens-toi
Esther
à l'heure de la prière
tous les visages se tournent
vers l'est

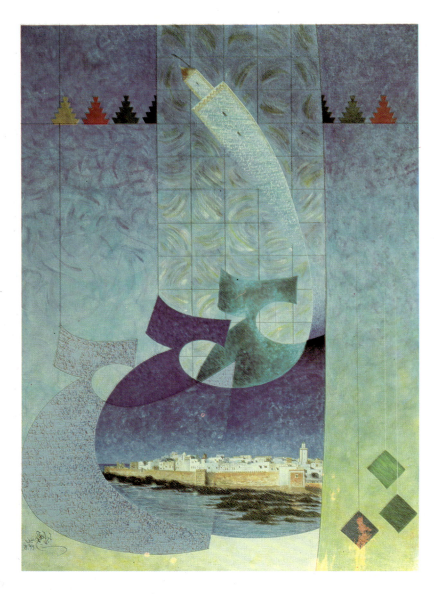

Brahim Hanine
Mirage
Huile sur toile 80 x 1(

Jolie princesse

Mogador
mystérieuse princesse
voilée d'une frange de ciel

son corps blanc
paré de paillettes de soleil
épouse l'immense bleu
de l'océan

inspiratrice
elle sème à tour de bras

ses graines portent
un brin de fantaisie
et engendrent
une pléiade d'artistes

son langage
est un chant universel

La veuve et la mouette

Un matin
une mouette
s'est posée sur ma fenêtre

sur ma fenêtre
la mouette a déposé
un message d'une femme
belle et rebelle
un cri de révolte et de rage
un douloureux sursaut de survie
elle appelle ses enfants
pour réparer l'outrage
infligé par des inconnus

dépossédée de sa beauté
de son identité
défigurée
meurtrie
seules les mouettes
lui font une ronde
lui chantent l'espoir
en attendant les siens

princes de l'hospitalité
prophètes de l'amitié
venez vite mes frères
allons secourir cette noble dame
lui demander pardon

mes frères de sang
d'adoption
une mère plongée
dans un océan de blessures
gît au fond de l'oubli
les écumes des vagues
la couvrent d'un voile de pudeur

elle vous regarde
avec une infinie douceur
du coin de son oeil bleu d'azur

vous la reconnaîtrez
elle sourit à l'arc-en-ciel
porteur de présage
vous la reconnaîtrez
son humilité sa magnanimité
lui donnent une aura
d'une céleste beauté

vous la reconnaîtrez
elle répond aux bruissements des vagues
par une comptine
de notre tendre enfance

vous la reconnaîtrez
tout autour d'elle
les mouettes dansent
une farandole du temps jadis

vous la reconnaîtrez
le ciel l'a parée d'or et d'argent
digne fiancée d'un glorieux roi

sur la fenêtre
la mouette
a laissé perler deux larmes
des larmes d'adieu
des larmes d'espoir

le messager parti
m'a laissé voguant sur les crêtes
de souvenirs en souvenirs
ayant pour seul guide
l'odeur de l'iode

havre de paix
Mogador
a-t-on oublié
que ton pourpre
a fait ta gloire
que tes artisans ont modelé
au ciselet
or et brocard

nos aieux t'ont honorée
nos poètes t'ont célébrée
nos troubadours t'ont chantée

toi
la fille du glorieux monarque
la mère magnanime
l'amante ardente
fidèle fiancée de l'océan
ouvre moi ton cœur
laisse-moi me glisser dans ton sein
te demander pardon

pardonne
aux soupirants d'hier
l'oubli d'aujourd'hui

de tes nobles mosquées
synagogues
et sobres chapelles
s'élève vers le ciel
du dieu unique
l'appel fervent
de l'ultime prière
pour que tes enfants
tes amoureux
se donnent la main
tout autour de tes remparts
et servent de bouclier
au spectre de l'oubli

puisse la mouette messagère
tel un séraphin
porter au delà de la cité
cet appel pathétique
au cœur de tes enfants
oublieux

Alain Ragaru
Mer agitée sous les remparts
Huile sur toile 65 x 50

Mogador

Si dans un souffle nouveau
ton vent fidèle amant
tout en te moulant t'enveloppant
t'arrache ton voile gris
couleur d'exil
couleur d'oubli
je serai émoi
tu seras mon double
un autre moi

si ce vent
graveur d'histoire
sculpte sur tes portails
lourds de silence
ta mémoire retrouvée
de tes nuits sombres
jailliront des aurores boréales
les rayons de ton soleil
tisseront des gerbes d'étoiles
sur tes tourelles
pour bannir
l'oubli de tes murailles

si ce faiseur de miracles
te rend tes joies envolées
tes espoirs écrasés
sous le poids des mauvais jours
et si inspiré
il sème sur les champs des regrets
des printemps heureux
et des étés glorieux
des trompettes triomphantes
proclameront la fin de ton exil

ton silence ne sera plus triste
mais prélude à tes chants sacrés
et ton vent fougeux
pris dans tes cheveux fous
te sacrera cité souveraine

alors tu surgiras
comme au premier jour de ton règne
Barakat Mohamed à la main
l'océan dans les yeux
belle
altière
une muse
un rêve

Oulamine
Mouettes
Encre sur carton 32 x 47

et danse
danse cygne immaculé
comme un reflet
de clair de lune
sur ma peau brune

et coulez
coulez fleuves et rivières
sur ce voile gris
couleur d'oubli
couleur d'exil

qu'on l'immole
qu'il s'étiole
et dans la chevelure d'une nymphe
qu'il s'envole

Rêve d'Aylal

Mogador
fille d'Aylal
ta légende
est reflet de souvenances
gravées dans le silence
de tes remparts

tes canons énigmatiques
figés dans la solitude du bronze
conservent le mutisme
et la clef de tes songes

réalité
à la lisière du mythe
et du mirage
saurons-nous un jour
ressusciter ta mémoire
saurons-nous un jour
ouvrir une nouvelle page
à ton histoire

La mouette

océan
je voudrai être mouette
et mourir
dans l'écume de tes crêtes

Table des matières

Branche de mimosas	5
Si un jour	6
Prise au piège	9
Cahier d'images	12
Regarde	18
L'île des magiciens	19
Conte à Dalila	25
Le port	30
Les alizés souverains	34
Blanche colombe	36
Bijou antique	37
Pain aux sésames	39
Hommage à Moulay	45
Anzar	48

51	Coin de mamia
54	La vieille de Sidi Magdoul
58	Nous autres
60	C'était hier
62	Peintre mon ami
66	Ombres et lumières
71	Ce vent qui inspire
73	La farandole bleue
74	Bouteille à la mer
80	Adieu Saddik
84	Lettre à Esther
87	Jolie princesse
88	La veuve et les mouettes
94	Mogador
98	Rêve d'Aylal
99	La mouette

Imprimerie Walili
Impression - Edition
251 Bis Av. Allal El Fassi
Daoudiat Marrakech
Tél. : 31.40.48